L'Hypnose Invisible

Au-delà de l'Hypnose commune

Christophe Pank

Table des matières

Du même Auteur Chez HnO Edition

1/ *Initiation à l'Hypnose Classique Curative (Oct-2012)*

2/ *Méthode d'Auto* **Hypnose (Nov-2012)**

3/ *Hypnose et Régressions (Janv-2013)*

4/ *Initiation à l'Hypnose Urbaine (Dec-2012)*

5/ *L'ésotérisme décrypté par l'Hypnose (Avr-2013)*

6/ *Hypnose avec les Enfants (Mai-2013)*

7/ *Mieux éduquer ses enfants grâce aux outils de l'Hypnose (Juin-2013)*

8/ *CrossTherapy (Oct-2013)*

9/ *Mes Premiers pas sur la loi d'attraction (2013)*

10/ *Hypnose H-Ultra Ou Hypnose Profonde (Nov-2013)*

11/ *Laboratoire Hypnose Volume 1 (Oct-2013)*

12/ *CT Energetics : Magnétisme et Transes (Janv-2014)*

13/ *Chercheur sur la Loi d'Attraction (Janv-2014)*

14/ *Hypnose et Hypnosophie (Avr-2014)*

15/ Apprendre le système TPA (Mai-2014)

16/ Hypnose et Posture du Praticien (Juil-2014)

17/ Hypnose et la Pre-test Therapie (Oct-2014)

18/ Base de PNL Interpersonnelle (Nov-2014)

19/ Base de la PnL Coaching (Fev-2015)

20/ Périple d'un Praticien d'Hypnose contre le Cancer (Fev-2015)

21/ Manuel de Formation à l'Auto Amour (Avr-2015)

22/ Hypnose et Douleur (Juil-2015)

23/ Cette Hypnose Ascendante nommée Hyperempiria (Sept-2015)

24/ Hypnose Elmanienne (Nov-2015)

25/ Questiosophie (Fev-2016)

26/ Crépuscule de l'Hypnose (Avril-2016)

27/ Pouvoir Limité (Mai-2016)

28/ Hypnose Spirituelle (Août-2016)

Introduction

L'hypnose est une **discipline complète** qui fait partie du domaine de **la psychothérapie**. Elle offre de nombreuses formes différentes, permettant aux praticiens de trouver la façon de faire qui leur correspond le mieux. C'est également pour les partenaires un **moyen efficace** d'être accompagnés dans leur développement personnel.

Alors qu'aujourd'hui nous apprenons de nouvelles choses grâce aux neurosciences, il est important de rester sur le principe que l'hypnose fait partie, de ce que je nomme, des **sciences molles**. À force de vouloir prouver que l'hypnose a une *efficacité scientifique*, il nous arrive régulièrement d'oublier, dans nos débats, que nous sommes en train d'utiliser différents outils pour permettre de faire évoluer cet **élément, totalement insondable,** qu'est l'esprit humain.

Nous ne sommes pas que des *ondes cérébrales, des zones du cerveau et autres facteurs quantitatifs.* Plus encore que l'état de transe, c'est **la capacité** dont fait preuve le praticien **pour comprendre et orienter cette dernière** qui va réellement permettre une évolution ou un mouvement pour le partenaire. Qu'on le veuille ou non, la plupart des transes, des suggestions et des orientations thérapeutiques proposées par le praticien ne pourront **jamais être reproductibles** sur un panel de partenaires.

Il y a trop d'éléments à prendre en compte, trop d'émotions et d'histoires de vies qui rendront des résultats caducs.

Aujourd'hui, au-delà de la technique, je me suis rendu compte que l'hypnose et l'hypnosophie (ma façon de voir l'hypnose) recelaient **des processus,** dont nous ne prenons pas réellement attention dans nos premiers temps de pratique. Pourtant, à chaque session, les praticiens utilisent **des dynamiques**, nous pourrions presque appeler cela des « trucs », qui permettront de *trouver la suggestion juste*, la *question adéquate*, *le timing nécessaire* ou tout simplement la *libre expression* de ce qui est vécu dans la transe.

Je n'aime pas **parler de magie** quand il s'agit d'hypnose, cela laisse croire que ce qui se passe n'est dû qu'à **des phénomènes inexplicables**. Ma passion pour cette discipline me fait chercher dans toutes les autres écoles thérapeutiques que j'ai la chance de croiser. Il peut nous arriver parfois, quand nous accrochons avec une méthode, de ne plus nous ouvrir à ce qui existe ailleurs. Seulement beaucoup de choses de l'hypnose **ont été perçues dans des techniques,** qui parfois semblent réellement lointaines de notre façon de faire.

Dans cet essai, je souhaite mettre en avant différents **modèles et processus** à prendre en compte dans notre **posture de praticien.**

Cela va aller de la compréhension *du transfert à la non-utilisation de la transe* ritualisée durant les séances.

Une session se joue sur différents facteurs, il est certain *que nous ne pouvons pas tout prendre en compte*, néanmoins il y a de nombreuses choses que nous devons comprendre et appliquer afin d'éviter **des sessions difficiles**.

Dans nos formations, il nous est rarement expliqué que nous pouvons **faire du mal à nos partenaires** et j'avoue avoir été un farouche défenseur de cette idée pendant des années. Néanmoins, plus le temps passe et plus je me rends compte qu'il y a des sessions pendant lesquelles il nous arrive **d'amplifier les pathos de nos partenaires**. Cela est rarement dû à une suggestion erronée, c'est **l'ensemble d'un modèle dissonant** qui s'est installé au fur et à mesure de la session, qui peut entraîner, non pas un mieux mais un plus, voire un pire.

Comme dans l'ensemble de mes essais, ce que je vais vous proposer n'est qu'une perception de notre discipline et **absolument pas une vérité**. C'est à vous de voir ce que vous allez trouver comme étant juste pour votre pratique et rejeter ce qui ne l'est pas.

1- Qu'est-ce que l'Hypnose Invisible ?

L'hypnose invisible, cela pourrait donner l'idée d'une forme *d'hypnose conversationnelle,* seulement ce n'est absolument pas le cas. À mes yeux il y a **tout un monde invisible qui se met en place dans le cadre de la thérapie**, un monde qui peut faire balancer les sessions d'un côté ou d'un autre.

C'est invisible parce que nous ne pouvons pas le voir, parce que nous ne pouvons pas **techniquement le corriger**, parce que cette hypnose est basée principalement sur **la posture et l'attention du praticien**.

Ce n'est pas un nouveau protocole ou une nouvelle technique à mettre en place pour le partenaire, mais **une perception globale** de ce qui est en train de se passer sur différents plans entre le praticien et le partenaire.

C'est une prise **de conscience macro** de ce qui est en train de se jouer, se rejouer même, et les différents patterns que cela implique **dans ce cadre** complètement à part, **celui du cabinet**. Nos écoles nous ont enseigné que l'une des clefs est le rapport et pour certains que c'est la transe commune qui est mise en place.

Sans cesse, à mes yeux, *le rapport n'a que peu de place dans la compréhension et l'exploitation de la transe.*

Je vais même plus loin en estimant que tout ce qui aura un **lien avec l'intuition pourra nous mener vers un résultat éloigné du processus psychothérapeutique**. Il est complètement possible de faire des sessions avec un **rapport négatif**, à partir du moment où nous comprenons ce qui est **en train d'être rejoué**.

C'est alors au praticien de prendre conscience de **l'histoire de vie, des émotions et autres sensations physiologiques** qui vont créer une transe dans laquelle *le praticien n'a plus son rôle, ni le cabinet sa place,* le passé traumatique étant pleinement présent dans ce rapport dissonant.

L'hypnose invisible est *l'utilisation de la posture, ainsi que du cadre, dans l'exploitation de la transe de notre partenaire et dans la compréhension de ce qui est vécu dans la session*, au-delà des mots, des suggestions ou autres techniques.

Du simple rapport de praticien à partenaire, cette petite heure de thérapie, devient *un terrain de jeu ou la ligne du temps, les histoires de vie, les émotions et les sensations*, reprennent place comme si tout n'était **qu'une répétition de cette scène de théâtre que rejoue sans cesse** le patient à chaque instant de sa vie.

2- La Thérapie comme un espace-temps de répétition de Patterns.

Une des premières choses à prendre en compte est la transe dans laquelle **notre partenaire va arriver dans le cabinet**. Nous savons que les partenaires viennent avec leurs problèmes et surtout **l'ensemble de leurs mécanismes automatisés** depuis des années. En somme, dans n'importe quelle action ou réflexion qui sera mise en place dans le quotidien, notre partenaire **répètera** un de ces processus internes dissonants. J'avais déjà souligné cette spécificité dans l'essai de **questiosophie**. Nous savons donc que notre patient va exprimer son mal-être et son malaise de façon subconsciente en offrant des cartes sur sa façon profonde de fonctionner. Pour aller plus loin, la façon de saluer, de se présenter ou d'introduire sa problématique, nous présente déjà un ensemble d'éléments *à prendre en compte* comme étant une expression de ses patterns internes.

Nous aimons à penser que nous sommes **conscients de ce que nous exprimons**, que notre logique et notre analyse de la situation ou des émotions vécues, sont issues de notre partie consciente. Cependant, **la plupart des pensées et des images,** voire des métaphores qui vont être proposées, viennent **spontanément** du subconscient vers le conscient.

Ce dernier n'étant ni plus ni moins qu'un traducteur permettant la **synthèse** de différents éléments des patterns.

Si nous ne prenons pas en compte toutes les informations que ce client peut apporter, il est possible que nous nous fassions embarquer dans différentes histoires, peut-être même dans **des évitements**. C'est d'ailleurs pour cette raison que j'appuie régulièrement sur le fait que nous n'en avons rien à faire de la problématique initiale de notre partenaire. Cela peut sembler contraire à ce que nous proposons dans les thérapies brèves ou durables, pourtant nous admettons facilement que *le symptôme n'est qu'une cause, que nous devons dépasser ou creuser*, pour découvrir des éléments qui peuvent sembler n'avoir aucun rapport.

La thérapie est un moment **absolument unique** dans la vie d'un homme ou d'une femme. Cela peut sembler parfois difficile pour les partenaires de se rendre compte de l'étendue qu'offre ces 45-60 minutes de session. Spontanément, la plupart *se bloquent* et hésitent à mettre en avant certains éléments, certaines réflexions ou émotions. Il peut y avoir **beaucoup de retenue**, parfois beaucoup de cinéma et cela **demande une certaine maturité,** ainsi qu'une confiance de plus en plus palpable vis-à-vis de son praticien. Le cabinet est **un lieu d'accueil**, un lieu où tout est possible, tout peut être dit, tout peut être exprimé et accueilli inconditionnellement par le thérapeute présent.

C'est pour cette raison que **le cadre est particulièrement important**, autant pour celui qui pratique que pour celui qui vit la session. Dans cet univers complexe, il y a **une multitude de transes** qui vont être mises en place. Parfois pendant quelques instants, parfois pendant de longs moments et derrière tout ça, **une macro transe** encore plus puissante, *celle qui fait vivre le partenaire depuis des semaines, des mois ou des années dans son malaise.*

Nous cherchons à devenir des spécialistes de **l'exploitation des transes**, seulement parfois nous nous perdons nous-mêmes dans l'une d'elles qui peut dès lors devenir **hallucinatoire**. Embarqués dans une histoire de vie, dans une émotion, dans une situation nouvelle, il est possible que nous devenions aveugle du pattern de la transe et que nous suivions dans un brouillard ce que notre partenaire exprime.

Dans l'attente de reprendre à un moment notre **le lead**, certains même allant *jusqu'à arrêter l'écoute pour s'orienter vers une hypnose plus ritualisée*, dans laquelle le partenaire n'aura **plus son mot à dire**, se laissant porter par une transe de synthèse afin que les suggestions puissent l'impacter. C'est alors que le praticien peut complètement **passer à côté d'une séance**, n'entendant plus que ce que sa transe permet de percevoir et se laissant embarquer dans une **réponse intuitive,** parfois intéressante et juste, mais laissant passer des **structures dissonantes** importantes.

Dans les chapitres suivants, je vous donnerai des exemples concrets de ce que cela peut donner dans notre activité au quotidien. Par exemple ce partenaire dans l'incapacité de dire « non », qui **validera l'ensemble du processus que vous allez exposer**, afin de continuer à vivre sereinement un pattern problématique avec des bénéfices secondaires impalpables dans l'instant.

Dans l'hypnose invisible, plus que la technique que nous avons l'habitude d'utiliser, l'important se trouve dans la **posture du praticien**. Pour ceux qui me suivent au travers des vidéos et des essais, vous savez que je mets une *importance particulière sur notre façon de nous comporter, de penser et d'orienter la session*. Je partage régulièrement l'idée que « faire de l'hypnose » est une chose **facile**. Comprendre et mettre en place les différents procédés qui permettent à nos partenaires d'entrer en transe puis de suivre des techniques préétablies ou des scripts, reste **un apprentissage simple**.

Le travail que nous effectuons sur nous-mêmes, la façon d'accueillir notre partenaire, nos réactions vis-à-vis de ce qui est dit et partagé, notre façon de rebondir et de questionner, tout cela demande un temps d'étude, d'observation et de compréhension *avant même d'être capable de le mettre en pratique*. L'hypnose invisible va donc davantage se concentrer sur **cette « péri-hypnose »**, sur ce monde qui se déroule durant ces sessions.

Pour beaucoup d'entre nous, nous avons pris l'habitude de nous appuyer sur un ressenti et un feeling. Combien de fois, en séance, nous percevions que nous étions à côté, comme s'il manquait un élément que nous ne parvenions pas à prendre en compte ou à trouver.

Bien sûr, en fonction **des présupposés** que nous avons de la discipline, nous ne mettons que rarement en doute les techniques qui nous ont été enseignées, en nous confortant dans l'idée que *le subconscient sait ce qui est juste et bon pour le partenaire*. Seulement le **subconscient est malicieux et plutôt feignant**.

Cela implique donc que tant que nous n'avons pas touché des points clefs permettant un mouvement, *en somme de sortir de sa procrastination naturelle*, le subconscient peut rester sur une immobilité **des patterns profonds**. Il peut valider un **travail symptomatique,** qui ne lui demande que peu de dépense d'énergie, mais ne souhaitera pas modifier la structure, simplement parce que cela demande beaucoup d'énergie et d'adaptation au monde extérieur.

Rentrons dans le vif du sujet.

3- Ce Non Impossible

Dans un premier temps nous allons poser le cadre, qui peut s'orienter vers des généralisations. Il peut nous arriver régulièrement d'avoir des partenaires qui viennent pour **une problématique d'expression de soi**. En général, ils ont le profil de personnes *qui ne parviennent pas à communiquer facilement, ni à donner leur point de vue vis-à-vis de leurs proches ou d'inconnus*. Il est assez probable **que le mot 'confiance'** ressorte de façon régulière durant la thérapie. En grattant davantage, nous pouvons nous apercevoir qu'il y a **un mot tabou : non**.

Il est possible de *travailler stratégiquement sur une revalorisation de l'estime de soi, de recadrer les croyances qui ont été transmises* vis-à-vis de l'incapacité de notre partenaire. Nous reviendrons certainement à l'enfance, à **des humiliations et des injustices** ne permettant pas une libre expression de soi. Il est possible également que le patient ait développé **un surmoi très important le limitant** dans la liberté de ses mots et de ses actes.

Il est actuellement cohérent de travailler sur ces différents éléments et d'autres que nous allons pouvoir découvrir à mesure que notre partenaire partagera son histoire de vie.

La capacité à dire et à refuser une demande, une observation ou un point de vue est une stratégie que de nombreuses personnes utilisent afin **d'obtenir des strokes positifs**.

En général, il s'agit d'une difficulté de gestion dans le conflit, tout du moins ce qui peut sembler être *un état de conflit pour le partenaire*. De plus, il estime que l'autre lui permettra de **retrouver une forme d'estime de lui même**. Il laisse facilement le pouvoir à ses amis, à sa famille, voire à ses collègues de travail. Vous retrouverez **des bénéfices secondaires** comme la déresponsabilisation de ses propres choix et le fait de suivre un courant qui n'est pas le sien mais qui offre *une tranquillité* quant aux décisions.

Dans ce contexte, il va offrir au praticien **une toute-puissance**. C'est d'autant plus marqué, qu'il aura choisi inconsciemment une méthode comme l'hypnose, qui a une *image de passivité du partenaire qui vient en session*. Ce dernier devenant dès lors **« sous influence » du praticien**, le patient pourra une fois de plus continuer sa **déresponsabilisation, et éventuellement obtenir des solutions prêtes à consommer** de la part de son praticien.

Parfois l'hypnose est vendue comme une thérapie axée solutions, de ce fait toutes les solutions proposées par le praticien peuvent être bonnes à voir et à exploiter.

Le partenaire ne peut pas nous dire non, il validera **autant les perceptions du thérapeute que ses suggestions.**

Au premier abord, nous pourrions nous dire que c'est quelque chose de positif. En effet, le partenaire répond complètement aux idées et orientations que nous allons proposer.

Nous allons pouvoir facilement **toucher le symptôme** et lui permettre d'avoir une sensation éphémère de mieux être. Si nous étudions de plus près ce qui est en train de se passer en hypnose invisible, nous sommes en *train de lui valider un pattern dissonant.*

Nous le remettons dans son schéma de base, *celui de laisser plein pouvoir à une personne extérieure à lui-même, de ne pas faire de choix, ni de prendre la responsabilité qui pourrait en découler, qui sont l'occasion de mettre en avant un 'non' affirmatif.* Nous nous retrouvons **dans une dynamique d'infantilisation.**

Si nous n'observons pas cette facette de son comportement, qui est en direct pendant la session, nous allons faire **une séance à l'enfant qu'il était et pas à l'adulte qu'il est.** Seulement, nous n'allons pas ouvrir des possibles pour cet enfant, mais certainement *rejouer un schéma qu'il a vécu de nombreuses fois par le passé.* Dans **le transfert**, nous devenons le First caretaker ou le second caretaker.

La session se joue à ce niveau-là, si nous travaillons classiquement, nous répétons et insistons sur son pattern dissonant. À aucun moment, durant cette séance, il ne sortira de la boucle bien que les suggestions puissent lui donner un mieux-être, il y a de fortes chances que tout reprenne comme avant, au bout d'un certain temps.

Notre objectif en tant que praticiens d'hypnose doit être de **comprendre comment ce pattern fonctionne** et d'orienter dans un premier temps à **une prise de conscience** de ce schéma récurrent. Nous avons la possibilité de jouer avec, grâce à l'ouverture que nous offre le cadre et parce qu'étant objet de transfert, nous pouvons *facilement refaire vivre en direct cette façon de fonctionner qu'à le partenaire.*

En somme, le cabinet devient **un laboratoire vivant** de ce qui se passe dans le quotidien de notre partenaire. Chaque jour, le partenaire répond à ses automatismes sans se rendre compte de la présence de ces derniers, dans chacune des actions de sa vie.

Combien de fois s'est-il vu accepter des tâches ou ne pas être capable d'émettre son opinion, pour des choses qui peuvent sembler complètement anodines. Si, dans le cadre de la thérapie, nous jouons avec cette incapacité à dire non et cette propension à être timide dans son expression, nous lui permettons de revivre cette situation connue **sans le filtre des explications.**

Bien sûr, la session devient rapidement moins agréable et n'est pas marquée par l'objectif d'attendre une solution, mais plutôt de **comprendre sa capacité à rester dans ce processus** et d'ouvrir des potentiels au travers de questions ou de suggestions.

La prise de conscience semble souvent séparée de la discipline qu'est l'hypnose. Il y a souvent dans nos enseignements cette idée *que le conscient est l'ennemi*. Je vous rappelle que dans ma définition de l'hypnose, la transe est un dialogue entre le conscient et le subconscient.

La présence du conscient est une nécessité afin d'atteindre des **niveaux de compréhension et de mouvements nécessaires** pour l'avancée de notre partenaire. Dans ce cas présent, si à chaque fois que notre partenaire nous répond par un : « je ne sais pas » ou un « c'est peut-être ça », voire un silence, sans se rendre compte qu'il est dans son schéma d'incapacité à la négation, nous avons une **mise en lumière de cette dynamique dissonante** dans son quotidien. Si nous travaillons simplement sur la suggestion qu'il est capable de dire non, nous allons orienter le subconscient du partenaire vers une possible **compensation, voire surcompensation**.

Cela peut sembler attractif dans un premier temps, parce les retours nous donnent l'impression que les choses commencent à changer. *Dans un cheminement de surcompensation*, il sera simplement passé **de l'excès de 'oui' vers un excès de 'non'**.

Nous l'éloignons dès lors **de la prise de position d'une posture d'adulte et nourrissons l'enfant dictateur qui pour une fois pourra pleinement s'exprimer**. Il faut penser que les décisions devront être **assumées sur le long terme** et que beaucoup de partenaires n'y parviendront que de façon éphémère, comme **une crise d'adolescence**.

Une suggestion sur le sujet deviendra dès lors **un sursaut,** mais absolument pas un développement de nouveau potentiel. *En travaillant sur l'hypnose invisible, il faudra éviter de jouer en suggestions directes ou indirectes, de faire un résumé de ce que vous avez capté de sa problématique et s'interdire d'orienter vers des solutions décrites dans certains scripts ou dans les démarches psychologiques.*

Cela risquerait d'amplifier sa capacité à **fuir les conséquences d'un non**, pas simplement comme un refus mais comme un choix et une posture assumée. La démarche peut **être longue** et il arrive fréquemment que le partenaire, une fois le pattern mis en lumière, ne parvienne pas à fonctionner sans ce retour perpétuel du oui. Cependant, il n'est déjà plus dans le même fonctionnement, il se rend compte de ses automatismes et, même s'il est incapable dans un premier temps de les modifier, il pourra devenir **un observateur de ses fonctionnements** dans différents types de situations.

Cela peut ouvrir dès lors à d'autres notions, comme la prise de conscience de la peur d'un certain **rejet,** voire sur les plans plus profonds **un orgueil** important. Il arrive souvent que de nombreuses personnes timides, incapables de dire non, mettent en place des stratégies pour constamment se faire aimer par les autres et ne comprennent pas que l'on puisse refuser de les apprécier. Il y a un travail utile à mettre en place sur **le self**.

Ce self qui va très certainement, durant la session, réapparaître de nombreuses fois et qu'il faudra également prendre en compte afin d'éviter de se faire abuser. Comme vous pouvez le constater, en hypnose invisible, *nous nous éloignons des idées formalisées et des protocoles préétablis* pour chaque pathologie avec une orientation métaphorique ou des suggestions prédéterminées.

Nous apprenons petit à petit à comprendre **l'atmosphère du cabinet**, à observer ce qui est en train de se dérouler, non pas dans la récitation de l'histoire du partenaire, mais dans **le rapport et le transfert qu'il fait durant la session**. De mon observation, il y a plusieurs types de patterns à prendre en compte.

4 - Les différents patterns

Les patterns sont **des schémas récurrents** que nous répétons pour répondre *à la logique du minimum d'effort pour le maximum d'efficacité.* Nous avons, depuis notre naissance, compris subconsciemment des fonctionnements des systèmes personnels et environnants, auxquels *nous avons appris à répondre.* Comme nous avons pu avoir un modèle de réponse qui a pu nous convenir, nous l'avons répété encore et encore, avec un **'taux de retour'** suffisamment positif, pour **ne plus avoir à le juger** (facteur critique). Quand je parle de positif, je pourrais parfois dire, la moins pire des différentes options que nous avons en face de nous.

Cette gestion de l'énergie de jugement et l'automatisation des processus, nous offrent une possibilité de réorienter *cette réserve énergétique* vers des évènements que nous n'avons pas anticipés ou que nous ne connaissons pas encore. Notre fonctionnement économique est **à la fois une force et une pleine faiblesse** dans nos mécanismes psychiques. Comme les mises à jour sont rares, nous restons avec des logiciels qui sont obsolètes, mais que nous n'avons pas retirés de notre disque dur (notre subconscient).

Comme sur votre PC, qui va ralentir avec les années à chaque redémarrage, vous chargez un programme que vous n'utilisez plus.

Cette data ancrée en vous, ne correspondra même plus aux besoins 'modernes'. Nous restons avec des schémas que nous savons inadaptés dans le présent, mais qui nous ont tellement été utiles et positifs par le passé que nous avons **l'impression de ne pas pouvoir vivre sans**.

C'est pour cette raison qu'en hypnose nous travaillons beaucoup sur **les bénéfices secondaires**. Ils représentent tout ce que ce schéma a apporté et tout ce que cela engendrerait de le retirer. Ce qui est passionnant, c'est de comprendre que *nous avons en nous un antidote qui peut devenir notre poison*.

Plus nous étudions nos schémas, ou ceux de nos partenaires, plus nous pouvons constater que nous avons **une véritable difficulté à faire les ajustements**, à faire avancer les versions de nos programmes internes. L'hypnose, la PNL et de façon générale la thérapie, nous ouvrent des possibilités pour **'upgrader'**.

J'ai pu constater plusieurs niveaux de patterns. Je les ai décomposés en trois groupes.

- 1 - Les patterns tertiaires ou patterns de l'avoir

Ces schémas sont les plus nombreux et nous permettent de vivre une vie plus tranquillement. Nous avons mis en place des processus *afin d'obtenir des choses et d'avoir cette sensation de possession*. Cela peut aussi bien être un objet ou un être, qu'une marque psychique distinctive.

Par exemple, nous 'avons' ce trait de caractère. C'est un ensemble de process qui est **très orienté vers l'extérieur**. Dans l'essai de questiosophie, je soulignais l'idée que *l'une des questions principales sur ce premier niveau est le 'quoi'*. Nous mettons en place des programmes pour savoir quoi faire dans différents types de situations. Cela peut être physique, psychique ou émotionnel.

Il y a **beaucoup de pancartes** que le système qui nous entoure a pu déposer. C'est l'observation des parents qui vont dire que leur enfant est maladroit, alors qu'en fait il a des gestes maladroits. Il peut y avoir à ce niveau **une forte confusion entre l'être et l'avoir.**

De nombreux *partenaires se présentent comme étant un pattern qu'ils possèdent*. Notre premier travail est **de faire un recadrage**, ce qui parfois peut sembler complexe pour des patients qui n'ont fait que de *s'identifier sur ce qu'ils ont*. Notre orientation thérapeutique s'axera davantage sur **des réponses symptomatiques.**

Les patterns dissonants comme les phobies, les complexes ou les comportements dérangeants font partie des schémas tertiaires. C'est pour cette raison que nous avons tellement de retours positifs avec l'hypnose. Comme **nous travaillons sur un programme de fonctionnement et non sur de l'identification**, nous pouvons offrir au subconscient des possibles différents.

Les dissonances pourront facilement être transformées et **une ressource supérieure** au fait de garder un automatisme blessant sera mise en place. Dans ce cas-là, le subconscient verra **un meilleur ratio effort de changement / bénéfice** qu'en gardant le modèle ancien. L'avoir peut-être rapidement remplacé par un autre objet à posséder. Ce qui n'est pas le cas pour les autres patterns.

C'est d'ailleurs souvent sur cette notion que je m'écarte du travail proposé en hypnose que je trouve souvent **trop superficiel**. Nous restons principalement sur des patterns tertiaires, ce qui donne des discours du type : *'en moins de 5 sessions, votre problématique aura disparu'*.

C'est vrai, dans **la facette superficielle de l'avoir.** Nous n'aurons plus cette problématique, par contre nous pourrons avoir un nouveau comportement ou faire des choses surprenantes. Cela peut être dû à **des compensations** d'un pattern plus profond, secondaire ou primitif, qui, n'ayant plus de moyen d'expression au travers du schéma tertiaire, modifie des éléments **pour se faire entendre**.

-2 - Les patterns secondaires ou patterns du faire

Nous entrons dans *des domaines moins mécaniques,* nous allons partir dans la recherche du 'pour quoi'. Quelles sont les différentes raisons qui font que nous avons dû mettre en place des schémas de ce type. Nous allons nous orienter vers un **'pour faire quoi ?'**.

Dans les patterns, précédemment, nous travaillions **à réduire les symptômes**, en somme **les conséquences de ces processus** plus profonds. Nous les percevons régulièrement avec des partenaires qui reviennent une fois que nous avons travaillé sur les tertiaires. Ils nous disent souvent qu'ils sentent qu'il y a quelque chose derrière qu'ils aimeraient comprendre et résoudre.

C'est souvent à ce moment-là que de nombreux praticiens d'hypnose rétorquent que *nous allons rentrer dans l'analytique, donc nous éloigner de la transe.* Pourtant le conscient, qui est la partie analytique et rationnelle de notre psyché, est volontairement présent et équilibré dans la démarche hypnotique.

Nous avons généralement contourné le facteur critique qui est la source du jugement. Nous pouvons donc, dans les travaux de transes, orienter nos partenaires *dans une découverte de pourquoi faire telle ou telle action ou cheminement.* Parfois cela nous entrainera **dans l'être et d'autres fois dans le besoin de l'avoir**.

Ces schémas sont beaucoup plus structurels pour notre psyché et offrent un état d'homéostasie au travers des actions mises en place par le partenaire. Même si ces actes peuvent être négatifs et destructeurs, *ce 'faire' offre un schéma réconfortant.*

Par exemple, un pattern secondaire classique, les mangeurs qui vont manger pour se remplir le plus possible, **en se faisant du mal** autant dans la prise de poids que dans la douleur même de l'après repas où ils expriment un 'j'ai trop mangé'. Dans un process tertiaire nous pourrions travailler sur le *principe de diminution des portions, dans un secondaire, les raisons de ce remplissage.*

Nous n'allons pas observer la scène de la même façon en fonction des patterns que nous souhaitons traiter. Il ne faut pas avoir peur de ce 'pour quoi'. En général, on me propose une remarque justifiée, en exprimant l'idée que *si l'on sait pourquoi, on ne va pas nécessairement mieux*, c'est d'ailleurs pour cette raison qu'il peut y avoir des manques en psychanalyse. C'est vrai, **si nous ne travaillons que sur notre centre mental.**

Mais nous cherchons dans la transe hypnotique à réunir différentes conditions pour que les centres mentaux, émotionnels et physiques, voire spirituels, puissent se lier et s'exprimer pleinement. Le 'pour quoi' va alors **devenir une quête de sens** et les réponses deviendront comme autant de suggestions. Un travail de recadrage et de prise de conscience ouvrant alors une possibilité sur **une plus grande acceptation.** Dans ces phases de la thérapie, le partenaire peut découvrir en lui ce qu'il a toujours su, mais qu'il n'aura jamais osé voir ou entendre.

La validation par le mental des raisons du faire dans le corps et les émotions, fait souvent **dérailler le pattern dissonant** pour renouveler un cycle avec une idée de tolérance, de pardon ou de bienveillance.

-3 - Les patterns primitifs ou patterns de l'être

Dans cette dernière catégorie, il y a les patterns qui vont pouvoir être pris en compte dans notre hypnose invisible. Ces schémas sont **des Macro-patterns**. C'est-à-dire qu'ils sont sources de nombreux processus primaires et secondaires. **Ils sont liés à notre identité** si nous reprenons la classification de la Pyramide de Dilts. Pour le moment, à mon niveau de compréhension, *je ne pense pas qu'il soit possible de les transformer et de les changer.* Je sais que cela va à l'encontre de nombreuses théories psychologiques et hypnotiques.

Néanmoins, comme pour le corps humain, qui ne va pas nous permettre spontanément de *changer de couleur de la peau ou des yeux,* nous avons des structures internes qui ne pourront jamais être modifiées. Par exemple, un être qui se dirige instinctivement dans la fuite, pourra travailler vers la démarche d'affrontement, **néanmoins cela ne tiendra pas un mouvement de pression intense,** ce qui réactivera son pattern primitif. Depuis des années, dans les arts martiaux et surtout dans le domaine de la self défense, j'ai pu constater que *nous ne pouvons pas faire d'une brebis, un loup.*

Nous le savons tous, d'ailleurs, c'est pour cette raison que le principe martial cherche à *créer un pattern court* de réaction pour s'orienter vers la fuite le plus rapidement possible. Certaines personnes vont se révéler être **des prédateurs** alors qu'elles étaient persuadées de ne pas l'être (conditionnement éducatif et social).

Néanmoins je n'ai jamais, et pour avoir eu de nombreux échanges avec des amis professeur de Krav Maga, Kali ou Silat, vu de retour indiquant qu'une personne vraiment en mode 'brebis', dans un schéma de Freeze (immobilisme) ou de Fuite, changera **cette fonction primitive**. Elle va parfois rallonger de quelques secondes, *ces secondes salvatrices dans l'agression*, l'activation de l'automatisme psycho-physique, mais ce schéma va se réactiver.

On pourra donc travailler sur des comportements, en somme, **mettre en place des patterns tertiaires pour éviter de mettre du mouvement dans le primitif.** En écrivant ces lignes, je veux rajouter le fait que *l'hypnose va permettre de construire de nouveaux patterns*, c'est pour cela que souvent le praticien va chercher des ressources, comme phase de 'remplacement'. Seulement, ce n'est pas que pour travailler sur le pattern dissonant, *par exemple un pattern tertiaire de remplacement de la cigarette par un verre d'eau ou une mini transe (pattern tertiaire également),* ressemble à ce que nous pouvons faire traditionnellement en hypnose.

Mais créer un pattern tertiaire de retour en zone de confort ou avec l'enfant intérieur pour éviter l'activation excessive de la fuite (pattern primitif), est plus rarement mis en relief. C'est dans cette idée-là, que la **classification des patterns en hypnosophie** nous permet de comprendre ce que nous travaillons et les outils que nous allons mettre en place, pour ralentir, compenser, désactiver de façon transitoire un élément plus profond.

Parfois cela passera, c'est-à-dire que **le pattern primitif ne s'activera pas pleinement**, donc il ne sera pas problématique à l'instant T, mais il a de fortes chances, **sous plus de pression, de prendre pleine place** pendant un laps de temps dans la psyché du partenaire.

Notre travail vers les patterns primitifs va s'orienter **vers un accueil de cette facette de nous-mêmes.** Pour vous donner un cas concret, un partenaire avait une habitude de devenir ce que le monde lui proposait, pour entrer dans une acceptation des autres, d'un groupe, d'un monde. Ce principe **d'acceptation inconditionnelle** de la personne qu'il estime comme figure d'autorité, est un de ses patterns primitifs.

Tout dans son monde s'est constitué au travers de cette facette, d'abord avec le père, puis avec des leaders divers, lui permettant de s'éloigner de son 'Moi', sans se rendre compte qu'il était dans un évitement de lui-même.

Un ami l'a même persuadé de s'orienter dans un courant philosophique parce que cette personne était devenue sont **référent de vie**.

De même ses conjointes étaient toujours celles qui pouvaient devenir cet absolu. Ce primitif éveillait de nombreux secondaires comme les fuites de ses propres envies, des colères contre les personnes qui n'étaient pas des référents... et des primaires avec des envies de vomir, des rejets divers.

A mesure de sa propre découverte, il y a un problème de fond qui se posait, comme pour l'exemple du chapitre précédent, *comment lui donner une suggestion alors que nous répondons à tous les critères de son pattern ?* Partir en hypnose ritualisée et la nourrir de suggestions de la figure d'autorité, comme possible vérité ? C'est là où la première étape est complexe, elle est dans la **prise de conscience de ce système**.

Seulement, il doit le voir par lui-même, et nous ne devons pas lui proposer, sinon il peut y adhérer sans le sentir, pour répondre à son primitif. Dans ces cas-là, **la questiosophie** est, à mes yeux, la meilleure stratégie à mettre en place.

Dans ce cas, la prise de conscience au travers d'un recadrage du mapping a été tellement violente, qu'il a mis de côté pendant un temps sa thérapie, *en acceptant le fait qu'il allait de nouveau entrer dans son pattern primitif et 'oublier' cette prise de conscience.*

C'est à ce niveau-là que nous sommes en pleine **hypnose invisible**. C'est là que nous prenons de plus en plus attention à ne pas être **dans nos patterns tertiaires de nos écoles et ouvrages.**

5- Quand on a besoin de douceur

Pour ceux qui me connaissent un peu dans la vie et plus spécifiquement dans ma pratique thérapeutique, vous savez que j'ai une façon de faire qui reprend **de nombreux concepts provocatifs**. C'est ce que je nomme la facette **'Cyclone'** de la démarche. Il y a parfois besoin de secousses, de mouvements, de se faire entraîner dans des émotions et des sensations que **nous ne pouvons plus contrôler ou gérer.**

J'ai donc des partenaires qui connaissent mon énergie et qui *peuvent attendre que ça 'bouge'* lors des sessions. Rappelons-nous *que nous ne pouvons faire bouger les choses que si les patients sont réellement prêts à assumer ces mouvements.*

C'est comme ces personnes qui viennent en cabinet, qui souhaitent vivre une transe suffisamment profonde pour que les suggestions entrent dans leur subconscient et qu'ils n'aient aucune action à mettre en place. Nous nous retrouvons dans **une attente excessive** qui va la plupart du temps orienter la session vers une direction qui ne répondra certainement pas à cette demande.

Repensez aux nombres de fois où vos partenaires vous ont exprimé l'envie que ça change, qu'ils étaient prêts à tout et qui pendant les sessions vivent des remontées émotionnelles spectaculaires.

Ils associent l'intensité avec l'impact sur leurs pathos. J'en profite pour faire une parenthèse sur un élément que je trouve surprenant dans les formations que nous avons pour la plupart reçues. En hypnose, il semble y avoir une forme de **tabou de l'émotion.** Il y a comme une volonté de vouloir écarter le plus possible de la connexion à ses maux et perceptions.

C'est d'ailleurs un des outils clef de la discipline actuellement : **la dissociation** simple ou double. Pour l'avoir fait pendant des années, je me suis rendu compte que nous ne proposions à nos clients **qu'un mécanisme naturel**, celui de mettre de l'espace entre nous et l'élément traumatisant. C'est d'ailleurs pour cette raison que les anciens nous disaient sans *cesse que tout passe avec le temps*.

Pourtant si cette mécanique que nous maîtrisons depuis tellement longtemps était **réellement efficace** sur le long terme, nous ne nous retrouverions pas chez un praticien. Effectivement ça fonctionne, mais *pour combien de temps et avec quelle compensation possible.* Ce n'est pas parce que nous avons mis les blessures dans un placard que ces dernières vont cicatriser. **Le déni n'est pas une solution viable à mes yeux.** J'en suis même arrivé à l'idée que nous devons réassocier les partenaires à ces évènements et situations difficiles. Comme en psychanalyse, travailler sur **la catharsis et les explosions émotionnelles, mentales et physiques.**

C'est un moyen qui va permettre de faire dérailler des patterns. Bien sûr, cela offre des séances moins sécurisantes et passives pour le praticien, qui va devoir gérer au mieux le partenaire, **non pas en l'extirpant de ce malaise, mais en l'orientant dedans. Il devra aussi gérer son contre transfert** de toutes ces émotions, ces mots et métaphores que le patient exprimera à ce moment-là.

A la réflexion qui m'a été souvent partagée : Mais c'est super violent ! Je réponds que le traumatisme au quotidien est tout aussi violent et **n'apporte plus l'effet libérateur** qu'il devait permettre, donc autant y aller une fois pour toute et sortir de ses projections. Pour en revenir à nos partenaires qui cherchent *une méthode coup de poing,* ils se dirigent, certes en fin de course, vers l'hypnose. Notre discipline donnant l'impression d'une 'puissance' et de changement radical de la psyché.

Cette motivation est particulièrement importante à prendre en compte dans notre démarche d'hypnose invisible. Nous nous retrouvons avec un partenaire qui est dans une souffrance et qui *souhaite une réponse radicale, quitte à passer par une démarche qui peut lui sembler encore plus dure, pour voir le bout du tunnel.* Cette recherche est donc un indice d'un pattern secondaire ou primitif. Gardez en tête que nous devons observer notre partenaire et également **les macros transes qui sont en train d'être rejouées.**

Dans ces cas, il est utile de pouvoir orienter notre questiosophie vers le rapport à la douleur, à la souffrance, voire à la recherche de cette dernière. Vous allez probablement partir de la problématique de base pour laquelle le client est venu en cabinet. En effet, si vous vous dirigez vers une démarche choc, **type hypnose provocative et transes associatives**, vous allez construire effectivement un cheminement qui pourrait *sembler pleinement salvateur.*

Le partenaire pourra constater que son état a pu avoir un mouvement, il aura 'ressenti' sa séance. Il pourra même se dire que c'est dur, difficile, mais que c'est ce dont il avait besoin. Dans notre pratique de l'hypnose invisible, nous pourrons entendre ce discours sous un autre filtre : 'je viens d'avoir mal, je viens d'être secoué, je connais cela, ça me plait, me rassure et me donne l'illusion d'un changement possible'.

Le risque avec ce type de partenaire est justement de s'orienter vers des sessions de ce genre. *Il pourra même* ***vous flatter*** *en soulignant qu'aucun autre praticien ne lui a fait vivre cela, parce qu'ils sont trop 'gnangnans'.*

Le fait que les praticiens plus doux ne lui ont pas donner satisfaction, est normal, c'est une fuite. Sa transe et ses patterns l'entraînent à sans cesse rechercher un facteur 'violent ou douloureux'.

Si nous lui offrons au sein de notre session, nous passons à côté de sa véritable problématique et **nous nourrissons simplement ce qui ne va pas.** En hypnose invisible, nous estimons que nous donnons du sucre à un diabétique parce qu'il nous le demande, mais que nous ne connaissons pas son état. C'est à nous de prendre attention à nos partenaires, à nous d'être plus observateurs et moins centrés sur des patterns trop souvent tertiaires. Pour vous donner un cas concret de ce type de pattern, j'ai reçu un partenaire qui travaille également dans l'aide à la personne.

Depuis son enfance il vit avec une fibromyalgie et supporte cette douleur, sans jamais en parler, sans jamais se plaindre de quoi que ce soit. Pendant ses études, tout a été compliqué **et il a dû se battre** année après année pour passer en classe supérieure et obtenir ses diplômes **en un ou deux essais.** Tout dans sa vie se fait dans la difficulté et rien ne semble aller en douceur.

La prise de conscience qu'il devait prendre plus soin de lui a été une attaque cardiaque, qui a pu être prise à temps. Il m'a choisi après avoir rencontré une multitude d'autres praticiens, parce qu'il voulait qu'on lui rentre dedans, qu'on aille le secouer et que les choses changent.

 Ayant observé le pattern de **recherche de difficulté et de violence,** j'ai décidé de faire tout l'inverse de ce pour quoi il est venu au cabinet.

A la fin de la seconde session, il me demande pourquoi je ne suis pas allé dans une hypnose ritualisée afin de lui faire remonter ses malaises.

A cela, je lui ai juste posé des questions sur ce qu'il a fait toute sa vie jusqu'à présent et les conséquences de ces schémas. Il a pris conscience qu'il ne s'autorisait à réussir ou à avancer qu'à partir du moment où il y avait **une violence de situation** (échecs, reproches, maladie…) ou **violence d'autrui** sur lui (parents, famille, amis, société).

Dès lors, je lui ai expliqué que ce n'est pas l'objectif de sa thérapie que de répéter le processus, **violence = avancée**, sachant que cela l'entraîne dans des maux et des maladies de plus en plus difficiles et puissants, pouvant le mener vers une mort. Nous avons réorienté vers la recherche de douceur pour soi et apprendre à accueillir cette dernière.

Si j'étais resté dans sa démarche initiale, nous aurions eu des fausses catharsis, une sorte de sur-jeu de ce qui est vécu pour se convaincre que maintenant il a le droit de 'réussir' ou en tout cas de passer à une autre étape dans sa vie. *N'hésitez pas en tant que praticien d'aller à l'inverse de ce qui peut être la direction de la transe commune.*

C'est pour cette raison que souvent je souligne le fait que la transe commune que nous avons achetée au travers de l'hypnose et de la PNL, n'est pas une juste chose.

Les principes de *mirroring, de pace and lead pour ouvrir une transe pour le partenaire, puis entre le praticien et le partenaire ouvrent un risque certain, celui de se faire emporter dans un des patterns secondaires ou primitifs.*

Cela nous ferait traiter un pattern tertiaire mais nous perdrait pour observer avec l'œil de l'hypnotiste de l'invisible.

6- Les Macro-Transes

Les macro-transes sont les transes qui sont mises en place dans **des cadres spécifiques**. Elles peuvent prendre place dans des rencontres sportives, des soirées entre amis ou encore au cabinet. Ce type de transe est constitué de l'énergie du **transfert situationnel** qu'est en train de vivre notre partenaire. L'avantage des sessions est de donner **un cadre 'neutre'** qui peut, comme le praticien, accueillir n'importe quelle situation ou répétition de vie.

Pour être plus concret, c'est un peu *une scène de théâtre sur laquelle le rapport thérapeutique* va pouvoir se jouer, le partenaire laisse aller toutes ses projections et où nous sommes un metteur en scène, qui va parfois accentuer les émotions du patient. Dans l'idée de l'hypnose invisible, nous sommes particulièrement attentifs à ce qui est en train de se mettre en place dans la relation avec le partenaire. Nous prenons en compte que pour revivre des patterns en 'live', *il faut être à l'écoute mais également réceptacle* de ce vécu qui, au-delà de l'histoire, des récits passéistes, pourra être pleinement mis en action dans le cabinet.

Par exemple, dans des remontées émotionnelles, si le praticien est devenu le père du partenaire, la macro transe est en train de faire revivre, dans l'instant, une agression du père sur l'enfant-patient, et ce *dernier va peut-être aller vers des mots insultants, violents, voire même des gestes envers le praticien-père.*

Cela est possible, parce que nous ne nous trouvons plus dans une salle anodine, mais nous avons fait un bond dans l'historique du partenaire, nous retrouvant dans une transe hallucinatoire, dans laquelle, il n'est plus question de l'adulte en consultation, mais de l'enfant dans ses douleurs du moment vis-à-vis de son père.

En hypnose invisible, nous cherchons à comprendre les patterns, c'est-à-dire le fonctionnement interne de notre partenaire, mais il y a également **des fonctionnements circonstanciels** qui vont se réactiver dans ces macro-transes.

Il se peut que nous soyons aveugles à cela et que nous ne comprenions pas une réflexion, un regard à notre égard, ni même des fuites et fermetures de nos partenaires, parce que nous n'avons pas pris conscience de ce qu'est devenue cette macro transe.

Comme je l'ai précisé dans le chapitre précédent, ce n'est pas une transe commune dans le sens PNL du terme, **ce n'est pas une connexion de projection,** mais réellement **la projection monodirectionnelle** de notre patient, dans un monde qui devient factuellement réaliste d'une pensée, d'une émotion et d'une sensation du passé dans ce présent.

Le pattern peut dès lors se rejouer dans ce monde 'virtuel' du cabinet.

Nous ne pouvons jamais être complètement certains du rôle qui nous est imposé, il faudra rapidement le définir, sachant que parfois, sur une même scène, nous pourrons passer, si l'on reprend le triangle dramatique, du bourreau au sauveur, du père à la mère au responsable de bureau etc.

7- Choisir ou ne pas choisir

Retournons dans la découverte des patterns et des cas que nous pouvons avoir en cabinet. Il y a comme pour les partenaires qui ne sont pas capables de dire non, ceux qui mettent en place, en pattern primitif ou secondaire, des stratégies dans lesquelles, *ils ne vont jamais choisir*.

C'est une façon de se poser par rapport à la vie et en général, vous serez marqué par **leur puissance de réaction**. En effet, comme ils ne choisissent pas, ils 'subissent' les orientations des autres. Le problème c'est que par moment, il sera difficile d'admettre que *jamais ils ne se rendent directement responsables des choses*. Ils auront toujours un processus intellectuel qui leur permettra **une fuite** pour expliquer que ce n'est pas vraiment eux qui ont décidé cela.

Cette notion de non choix peut entraîner vers une impression de rébellion. Quand une décision a été prise par autrui et suffisamment répétée, il se peut que notre partenaire ne le supporte plus et qu'il explose en **s'orientant dans la direction opposée**. Il pourra se gratifier de l'illusion d'avoir refusé et d'avoir fait un choix. Celui de l'opposition au 'dogme'. Néanmoins, il continue à nourrir ses patterns dissonants en s'orientant une nouvelle fois **vers un non choix**.

Il réagit, donc ne choisit pas une direction nouvelle mais juste une orientation opposée qui va simplement être une réponse préétablie par la situation. *A une situation donnée, nous sommes toujours sous l'influence de l'initiateur du mouvement à partir du moment où nous adhérons et également au moment où nous le rejetons*.

Nous ne créons aucun choix, aucune alternative possible. Nous sommes toujours sous l'influence de celui qui a mis la dynamique en route. Prenons un exemple que j'ai eu en cabinet. Un de mes partenaires qui aimait particulièrement les voitures, m'expliquait à quel point il détestait son père et sa façon d'être. Il avait décidé assez jeune de partir le plus loin possible de lui et de couper les ponts pour ne plus subir son influence, tout en rejetant tout ce qui pouvait le représenter.

J'ai rebondi sur sa passion de la voiture et lui demandait comment il conduisait. Fier de lui, il m'expliquait *qu'il prenait des voitures puissantes mais qu'il conduisait toujours prudemment, à l'inverse de son père qui était un fou sur la route*.

Cette réflexion m'a ouvert sur **l'hypnose invisible**, sur le pattern qu'il était en train de jouer : je ne choisis pas, je réagis. Quand je lui ai demandé s'il était *certain d'avoir coupé les influences de son père sur lui*, il a été ferme en m'expliquant que bien sûr, il était le *strict inverse de son père*.

Quand je lui ai demandé s'il n'avait pas envie parfois dans ses voitures puissantes de se taper une petite bourre, il m'a rétorqué qu'il n'était pas comme son père, donc qu'il ne roulerait pas de manière imprudente et à toute allure.

Vous voyez certainement là où nous nous orientons. Dans sa démarche de réaction, voire de rébellion par rapport à son père, il n'a fait que devenir : **ce que son père n'est pas**.

Il est donc sous l'influence de ce que son père est. **Il a comme point de référence de sa vie : son père**. Ce qui montre que ce n'est pas une décision et un choix de son être mais un choix vis-à-vis de son père. Quand je lui ai redemandé, s'il n'avait pas d'envie de conduire vite par moment, il m'a avoué que c'était le cas mais qu'il préférait éviter pour ne pas devenir comme son père.

Dans l'échange qui a suivi, il a pris conscience que peut être dans ses choix, il pouvait avoir des attitudes de son père qu'il a assimilées et qu'il avait le droit d'apprécier mais avec sa personnalité et **donc la direction qu'il souhaite lui-même prendre**.

A ce moment-là, il est également obligé de prendre conscience qu'il sera responsable de ses choix et que *son père ou son enfance ne seront plus les boucs émissaires de ses non-choix* de vie.

Nous pouvons clairement voir le pattern primitif, lié à **la déresponsabilisation** de sa vie, qui entraîne un pattern secondaire de **non prise de décision** et différents patterns tertiaires de manque de confiance en soi, d'attente de validation des autorités, etc. De plus, en jouant par moment le rôle du père qui allait le mettre en réaction, je lui permettais de voir sa réaction dans l'instant T grâce à la **macro transe** qui est jouée.

C'est avec ces différents éléments que commence à se jouer notre hypnose invisible. Il y a néanmoins une chose à prendre en compte dans notre posture de praticien, et cela peut sembler anodin, et pourtant cela à une grande influence, notre discipline : l'hypnose. Pensez-y, l'hypnose est marquée par une image *d'une figure d'autorité qui va proposer des suggestions et des métaphores à un partenaire qui sera dans un état de réceptivité.*

Seulement, cette notion de réceptivité accrue est particulièrement présente dans le pattern de notre partenaire, ce qui signifie que nous n'allons faire que de conforter ce dernier. De plus, *nous allons lui offrir un nouveau moyen de ne pas se responsabiliser et de ne pas faire de choix.* Comme pour ce partenaire qui ne sait pas dire non, celui qui ne sait pas faire de choix, va se nourrir des suggestions externes du thérapeute. Il pourra l'acheter ou réagir à l'inverse.

Nous l'avons souvent avec des personnes qui font l'anneau hypnotique et qui vont, après chaque session, avoir encore plus envie de manger. Comme une réaction à ce qui est proposé (je parle dans le pattern choix-non choix, il y a de nombreux autres facteurs dans d'autres cas).

En ce cas, mettre en transe et orienter vers des suggestions directes ou indirectes, dans la recherche d'un travail sur les patterns secondaires ou primitifs n'est pas la bonne orientation thérapeutique. Dans le cas de patterns tertiaires cela n'est pas problématique, même si je ne le conseillerais pas. A nous de découvrir cette facette de l'hypnose invisible et les différentes profondeurs qu'elle peut prendre.

8- La validation ou la réaction

Nous rencontrons régulièrement des partenaires qui vont, comme dans le cas précédent, **nous vendre** qu'ils ne cherchent pas leur père/mère dans le couple, qu'ils ont géré leurs problématiques ou traumatismes d'enfant, en nous *exposant les comportements qu'ils ont mis en place*. Cependant dans notre implication dans l'hypnose invisible, nous devons rester ouverts à différents indices que nous proposent ces partenaires. Il est utile de diriger notre questiosophie vers *les différents comportements mis en place et faire des parallèles avec les mouvements traumatisants*.

Cela peut nous ouvrir à une compréhension plus fine de ce que notre partenaire est en train de **rejouer comme pattern et la transe dans laquelle il s'est enfermé**. Nous avons un processus naturel de **prendre ou rejeter** un élément qui nous est proposé.

Dans le cadre de la famille et de son développement personnel, nous sommes dans une transe où nous automatisons les réponses. Particulièrement avant 'l'âge de raison', autour de 7 ans. Seulement après, même si **le facteur critique est disponible**, il y a parfois trop d'attente pour réellement sortir de la transe proposée par les caretakers (la plupart du temps les parents).

Il est intéressant dans notre société moderne de prendre en compte que nous avons l'adolescence, qui peut servir de remise en question et de 'choix' des suggestions de vie que nous acceptons ou rejetons. Dans la répétition des réponses à nos pathos, nous pouvons constater que certains partenaires acceptent le comportement que les caretakers ont imposé. Par exemple, l'enfant est considéré comme un moins que rien, et l'adulte peut devenir une personne qui n'a pas confiance en soi et brade ce qu'elle est aux autres.

Dans ce cas de figure, le partenaire a **acheté l'idée du caretaker** et l'a même nourrie comme *pour en faire un trait de personnalité, alors que ce n'est qu'un pattern comportemental.* La différence peut parfois être subtile et délicate à faire comprendre à son partenaire. Il arrive souvent que *les suggestions d'identification critiques, donnent l'impression d'être une réalité.* Cette perception est normale parce qu'**il y a une méconnaissance de ce que nous sommes** et une attente de réponse de l'extérieur, particulièrement par une figure d'autorité.

C'est un point à garder en tête pendant les thérapies que nous proposons, de nombreux partenaires ne se connaissent pas et attendent, comme pendant l'enfance, que des critères, des pancartes et autres cases leurs soient imposés pour avoir des réponses. Réponses qui comme avec les caretakers de *l'époque ne seront souvent basées que sur les actions et non sur la personnalité.*

Nous devons apprendre, en hypnose invisible, à **entendre cette demande et prendre attention à ne pas y répondre,** mais à l'orienter vers une réponse qui viendra de notre partenaire.

Quand il vient en cabinet, lui offrir l'opportunité de réaliser que **ce qu'il pense être** n'est que la répétition de suggestions de son caretaker et **pas la réalité**, ni une décision personnelle.

A cela vous aurez souvent une remarque quant à savoir qui il est vraiment. Cela fera également partie de son cheminement, s'il est prêt à cela, c'est-à-dire en dépassant la motivation de départ de travailler sur des patterns tertiaires.

Nous avons donc dans un premier cas *des partenaires qui donnent validations à des projections, des croyances et des remarques pour s'identifier en répondant à des patterns.*

Ils restent donc sous l'influence des caretakers, dans le quotidien et dans l'ensemble des réponses qu'ils donnent au monde, il y a symboliquement **la présence de ces derniers** qui leur imposent toujours la même suggestion.

Vous pouvez vous représenter, dans votre compréhension de l'hypnose invisible, un petit diable qui n'arrête pas de dire la même chose et qui oriente vers des comportements et des processus cognitifs qui ne conviennent *plus entièrement* à notre client.

La seconde option est celle qui pourra être la plus subtile, c'est ici que peuvent se jouer de nombreux mouvements dans notre pratique.

Notre partenaire est **persuadé d'être à l'opposé** de ce que ses caretakers lui ont donné comme suggestions et que par conséquent le problème est ailleurs (ce qui est possible).

Nous allons cependant prendre en compte un élément qui n'est pas visible dans notre contexte classique d'hypnose. La plupart du temps nous allons nous orienter **vers une démarche sur les bénéfices secondaires**.

Dans le cas présent, nous allons prendre attention à ce qui est rejeté et de la façon dont c'est rejeté. Nous avons pu voir que, tous autant que nous sommes, nous avons pu avoir avec l'éducation et le système social qui nous ont formés, des fonctionnements que nous avons validés et *sur lesquels nous ne sommes jamais revenus.* D'autres plus *traumatisants ont parfois été acceptés, voire développés.*

Dans le cas présent, il est également naturel de pouvoir en rejeter. Le rejet, qui pourrait être une opportunité pour découvrir des alternatives, peut être dévoré par **la réaction**.

La réaction est à ce moment un mouvement *d'opposition absolue, orientant dans le sens inverse la suggestion qui vient d'être proposée, ou qui est régulièrement seedée.*

Ce n'est pas un choix et c'est là que nous devons prendre attention.

Nous pourrions nous dire que la réaction d'un enfant, à qui l'on suggère qu'il est un perdant (en réalité la suggestion touche le comportement à ce moment-là) s'imposant à ne jamais perdre et devenir un gagnant dans toutes les situations est une 'bonne chose'.

Nous pourrions même dans une dynamique, plus coaching et moins thérapie, estimer qu'il a pris en compte **une chose négative comme ressource de réussite.** C'est là, où à mes yeux, il y a une différence dans l'orientation entre la thérapie et le coaching.

En effet, même si nous pouvons voir en cette réaction un développement de possibilités, il reste néanmoins, que **le partenaire ne décide rien**, il ne fait que de répondre à la suggestion, il la subit.

Il n'a pas d'autres choix que de réussir, *il est donc esclave de cette suggestion, ne lui autorisant jamais autre chose que la meilleure place.* Cela en devenant vite un poids, certains burn-out sont initiés pas de tels comportements de réaction.

En réalité, en creusant un peu en questiosophie, nous pourrons assez facilement constater que, se donner le droit aussi de ne pas être le meilleur, voire accepter l'échec de certaines situations, donnerait une véritable plus-value à la qualité de vie de notre partenaire.

Nous sommes en pleine hypnose invisible, dans laquelle nous pouvons facilement être en confusion avec ce que nous faisons d'habitude.

A la place de prendre et d'exploiter la ressource de sa réaction, nous allons chercher à désactiver cette réaction pour permettre une possibilité nouvelle, trouver et vivre une nouvelle option.

De plus, si nous reprenons l'exemple du dernier chapitre, nous pouvons constater que mon partenaire offrait l'idée que l'influence du père avait été gérée, qu'il était libre de sa façon de vivre, alors qu'en réalité, sa réaction donne toujours autant d'influence à son père dans tous ses actes du quotidien.

Pensez bien, la réaction entraîne à aller contre un élément ou une doctrine, mais **ne nous invite pas à nous ouvrir à d'autres possibilités ou chemins**.

Si nous souhaitons prendre une distance avec les êtres et les évènements traumatisants, ce n'est pas en les prenant comme éléments de référence de notre comportement que nous parviendrons à **retirer leur influence dans nos vies**.

Il y aura donc une démarche à mettre en place avec le partenaire pour montrer cette facette de sa démarche et surtout lui permettre d'aller à la recherche d'alternatives.

Que ce soit dans une validation ou une réaction, l'objectif thérapeutique sera une possibilité de se recadrer dans la découverte de nouvelles possibilités ou variations de ses choix.

9- Du génie de la transe à la conscience de ses fuites

Pendant de nombreuses années, j'ai mis en *avant les personnes qui pouvaient partir dans des transes subconscientes* dans la catégorie **des génies de l'hypnose**. Je me souviens avoir eu des échanges avec d'autres praticiens qui, comme moi, estimaient que ces partenaires qui tombaient à proprement parler dans leur transe, *étaient doués d'un petit plus*. Au fur et à mesure de ma prise de conscience de cette hypnose invisible, j'ai pu recadrer les choses.

Le mot **'cadre'** est d'ailleurs un des éléments qui sera déterminant pour la compréhension de ce type de partenaires que nous pouvons avoir, voire que nous souhaitons rencontrer dans les premières années de pratique.

Nous les voyons assez couramment dans les émissions télé ou sur scène en hypnose. Ces participants, qui en quelques prétests, se retrouvent complètement dans **la transe subconsciente de jeu ou de découverte**. Ils répondent instantanément aux suggestions et donnent donc l'impression de pouvoir, au travers de l'hypnose, faire de grandes choses.

Nous remarquons que, pendant les démonstrations et même les formations, *ils sont les partenaires les plus recherchés* afin de prouver une certaine efficacité de notre discipline et si possible avec un impact visuel.

Tout praticien a pu rencontrer ce type de client. Nous avons souvent en tête que cela sera d'ailleurs un élément positif pour la thérapie.

Un partenaire potentiellement hyper suggestible. Dans un premier temps, il est important de souligner, *qu'en fonction des cadres, le partenaire peut complètement changer de façon de vivre sa transe.* Il est possible que sur scène, il soit celui qui répond le mieux aux suggestions, mais en cabinet, il ne parvient pas à 'partir' dans sa transe.

D'ailleurs, il y a eu de *nombreuses critiques au sujet d'hypno-thérapeutes qui ne parvenaient pas à entraîner un 'sujet' dans une transe équivalente à celle qu'il a pu vivre sur scène.* Le client en conclura, s'il a déjà vécu cette transe, que le praticien est nul, alors que le problème peut simplement **venir de lui et de son incapacité subconsciente à accepter de travailler en profondeur sur lui.** *Cela déclenchant de la peur, du doute et des évitements*, chose qui n'a, à aucun moment, effleuré son esprit. Pour aller plus loin, beaucoup d'hypnotiseurs de rue ou de scène peuvent considérer que les thérapeutes ne sont pas compétents parce qu'ils ne parviennent pas à mettre en transe leurs partenaires, comme eux ont pu le faire en un instant dans la rue ou en spectacle.

Il est utile de prendre en compte que le contexte et par conséquent **l'état d'esprit de ce dernier n'est absolument** pas le même.

Dans la rue ou sur scène, au pire la personne n'y croit pas, ou n'a que des peurs secondaires une fois le pretalk fait. Il rencontre des pratiquants dans un **cadre ludique**, qui proposent une expérience, donc un moment qui, tout au plus, entraînera une découverte et du fun. *L'atmosphère, si elle est bien amenée, reste positive et festive.*

Nous sommes en mode **'Jeux'**. Dans un cabinet, nous ne sommes plus du tout dans la même dynamique, nous sommes dans un cadre où le partenaire sait **qu'il va 'travailler' sur lui**. Nous avons une opposition importante, le jeu d'un côté et le travail sur soi de l'autre.

La **démarche et les répercutions** ne sont plus du tout les mêmes, **les attentes non plus**. Quand on sait que les transes peuvent s'ouvrir ou se fermer, s'équilibrer ou se déséquilibrer, nous comprenons mieux, pourquoi les 'retours ' peuvent être différents.

Ce qui est parfois difficile pour le praticien en cabinet, c'est que le partenaire a déjà vécu une transe de jeu et souhaite retrouver cette transe dans une transe de travail sur soi... ce qui risque d'être impossible sauf pour les 'génies'... de **la fuite**.

Aujourd'hui, je suis donc dans une perception différente de ces patients qui partent comme des balles dans leur transe. Depuis que je travaille **sur ma théorie des équilibres de transe (Ouverte-fermée/Consciente-Subconsciente/Equilibrée-Déséquilibrée),** je constate que le partenaire part la plupart du temps dans une **transe déséquilibrée subconsciente**.

Dans le dialogue Conscient-Subconscient qu'offre la transe, le partenaire décide de ne pas faire intervenir le conscient, qui la plupart du temps est le traducteur, mais laisse le praticien le remplacer.

En somme, il attend que le thérapeute devienne **le déterminant absolu** de ce qui va être suggéré, décidé et choisi.

Dès lors, il se met en **mode passif** et ne donne aucun feedback à ce qui est proposé (PS : à mes yeux les signaling n'ont aucune validité). Le partenaire décide donc de ne plus être conscient du cheminement et laisse autrui comme maître à bord.

Chercher dans l'hypnose invisible ce *que le client est en train de revivre* va nous permettre de mieux comprendre le process qu'il a mis en place, certainement depuis l'enfance, dans la gestion de ses 'problèmes'.

Quand vous allez interroger les génies, vous verrez que souvent, enfant, ils étaient toujours dans les étoiles à l'école ou quand on leur parlait (voire encore adulte), qu'ils pouvaient vivre de grandes violences physiques-psychiques ou émotionnelles.

D'ailleurs, ils expliquent souvent que ça ne leur faisait plus rien, ils ne ressentaient plus, ils partaient dans *une transe d'analgésie, voire plus souvent d'anesthésie.* Le pattern primitif ou secondaire peut être, je m'échappe de la réalité actuelle dans un monde imaginaire, pour ne plus subir, de toute façon ça finira par passer.

Je ne choisis plus je subis. Pour être moins fort dans la sémantique que le verbe 'subir', on peut garder en tête l'idée que je reste le plus passif possible.

La raison était logique, *agir ou réagir n'aurait rien changé* à la situation. Dès lors, le choix même de la discipline qu'est l'hypnose, comme cheminement thérapeutique, est par essence **la répétition du pattern de fuite** qui a été mis en place naturellement.

Si le praticien l'entraîne dans une transe plutôt profonde, alors il y a de fortes chances que le partenaire parte loin dans sa transe et puisse vivre un impact des suggestions, comme à l'époque l'impact des coups ou des mots. Il répondra passivement et donc fera ce qui va être suggéré.

Cela touchera des patterns tertiaires qui pourront donner des résultats probants, la capacité à assimiler la suggestion étant forte. On peut **prendre l'idée d'absorber, comme absorber un coup,** une idée, une critique, pour éviter d'être trop dans le dur.

Néanmoins cela construit des traumatismes et des compensations. Si nous faisons une session de cette façon-là, et j'en ai fait de nombreuses avant de comprendre cela, nous passons à côté d'un pattern plus important, même pire, *nous lui faisons rejouer à chaque session.*

Cette passivité et ce don de toute puissance au praticien. Si en plus nous sommes encore dans une problématique de toute puissance ou de sauveur en tant que praticien, nous contre-transférerons sans nous en rendre compte.

Dès lors nous nourrirons, à chaque session, nos patterns secondaires ou primitifs ainsi que ceux de notre partenaire. Notre objectif en hypnose invisible sera donc de traiter le partenaire dans une démarche plus conversationnelle.

Cela pourra même devenir frustrant pour le partenaire. Il pourra transférer des choses plutôt dures à votre égard, parce que cela pourrait lui sembler **comme un supplice**.

Vous cherchez à faire en sorte qu'il ne fuit pas, ce qui est pour lui la seule solution qu'il a pris l'habitude de mettre en place. Il y a donc de fortes chances que votre partenaire ne souhaite pas continuer.

Comme d'habitude, sachez simplement vous adaptez, si la personne ne veut que du symptomatique, faites-le simplement.

10- Au commencement était le verbe... Ou peut-être le silence

Pour ceux qui me suivent un peu, vous savez certainement que j'ai un travail où **le conscient à une grande importance dans ma démarche hypnotique**. Je n'adhère plus du tout à l'idée que *notre partenaire soit dans une transe pleinement subconsciente.*

Comme vous l'avez vu dans le cas précédent, cela peut nous arriver couramment. Nous avons été formés sur une dynamique dans laquelle, suite à l'induction, *notre partenaire ne peut s'exprimer qu'avec quelques signaling en mode binaire.*

Il n'y a donc aucun détail, aucune interaction et on nous a vendu que c'est parfait pour que *nos suggestions puissent être assimilées* par le subconscient. Pour la plupart des praticiens que je croise en formation (et avec les années ça fait vraiment beaucoup**), l'absolue majorité ne fait jamais parler un partenaire en transe**, de peur qu'il ne ressorte de sa transe et que la session prenne fin.

Nous pouvons faire parler le partenaire sans que cela ne soit gênant, il peut rester dans sa transe sachant que, par définition, c'est *un dialogue entre le conscient et le subconscient.*

Je reprends fréquemment ce que des apprenants psychanalystes m'avaient dit de ma méthode : « tu fais **une psychanalyse coup de boule** ». J'ai trouvé l'image amusante et pas nécessairement fausse.

On a pris l'habitude de *mettre en opposition l'analyse et l'hypnose*. Outre le fait que Freud, lui-même, ait abandonné la pratique de l'hypnose, nous avons couramment dans notre esprit cette notion que l'hypnose ne va *faire intervenir que les suggestions pour 'changer' les patterns du subconscient* et que l'analyse va chercher à *faire comprendre pourquoi* il y a ces comportements, mais sans chercher à changer.

Je ne suis pas assez pertinent pour parler pleinement de la psychanalyse, néanmoins il est amusant qu'aujourd'hui nous puissions avoir, de la part **des praticiens d'hypnose, un discours Freudien de leur propre discipline**. Dire que nous sommes simplement dans une démarche de mise en transe et de suggestions, c'est exactement ce que Freud critiquait de l'hypnose avec **le praticien tout puissant qui impose ses suggestions.**

Depuis Elman, Erickson et plus encore dans les démarches actuelles, nous comprenons facilement que *l'état de transe se retrouve dans toutes les disciplines.* Sur un divan, en analyse, le patient qui est en focalisation interne sur son histoire est, par exemple, pleinement dans sa transe régressive.

De même, lorsque nous travaillons sur des phases d'hypnose conversationnelle ou de PNL nous sommes également dans l'exploitation de la transe que nous offre le partenaire, dans une dynamique d'échanges plus active.

J'observe que la compréhension de l'hypnose invisible, avec une plus grande visibilité des patterns, *peut orienter notre partenaire vers des prises de conscience particulièrement puissantes pour son cheminement.* Seulement, il peut y avoir dans cette utilisation de l'hypnose, une **problématique du trop parler**. Et cela dans **les deux sens**.

Celui du praticien qui fait un monologue par ses suggestions et celui du partenaire, qui peut faire sa **'récitation thérapeutique'**, répéter ce qui a été dit à tous ses praticiens, ou comme fuite quand on l'oriente vers une direction dérangeante.

Le patient peut très bien venir à des sessions pour déposer du contenu et s'entendre parler, sans avoir une dynamique autre. Parfois cela peut être salvateur, mais la plupart du temps, *il y a un manque de maturité thérapeutique qui entraînera, pendant ces dépôts, un manque d'écoute de ce qu'il dit lui-même,* donc une dissociation et une incapacité à se connecter **à une action cathartique.** Nous avons donc à prendre en compte le pattern mis en place par le partenaire, celui de *saturer son interlocuteur pour se permettre de fuir et d'éviter un mouvement interne trop important.*

Les mots deviennent un exutoire, non pas dans une libération mais dans un évitement à la confrontation émotionnelle que cela pourrait éveiller.

Si nous restons dans nos enseignements classiques de postures basses, nous risquons de **nous faire emporter** dans un flot d'informations. L'autre subtilité, c'est que nous pourrions également reprendre le lead, l'amenant vers ce que nous souhaitons, les points qui ont été mis en avant.

Seulement, à nos questions, que ce soient en anamnèse ou en questiosophie, nous risquons des réponses qui *vont passer du coq à l'âne* et nous saturer, voire confusionner. Nous reviendrons alors au même point de répondre à son pattern primitif de fuite. Nous pourrions également nous mettre à travailler sur une facette ritualisée après notre induction.

Seulement, il est possible que nous lui proposions des suggestions en mode monologue, qui ne le dirigeront pas vers un cheminement positif ou en tout cas sur une neutralité, parce que nous ne serons pas allés vers sa problématique plus profonde.

C'est à ce moment là où le silence et la reconnexion au corps sont des outils utiles. Au lieu de le faire parler, nous lui demandons une connexion au corps, soit avec un travail de TPA, d'EFT, ou de respiration.

A cela nous proposons des associations libres. Une réponse à un mot, ni plus ni moins.

C'est dès lors un cadre qui va pouvoir faire ressortir des éléments pour progresser dans le cheminement thérapeutique.

Pensez bien que la transe est un dialogue et, qu'à force d'avoir fait des évitements conscients, il y a une non-écoute du subconscient, qui va chercher des moyens d'expression.

Pour vous donner un exemple plus concret, une de mes partenaires, spécialiste de l'ensemble des thérapies, me récitait régulièrement ce qu'elle avait vu avec son psy, son analyste, sa comportementaliste, etc... Depuis des années elle n'était plus à l'écoute d'elle, mais attendait sagement que les praticiens fassent leurs diagnostics et écoutent son histoire de vie.

Dans ses histoires, il n'y avait plus d'émotions, plus de contact avec ce qui l'avait blessée et, à chacune de mes questions, elle me répondait à côté, à tel point que lorsqu'elle a vu un de ses patterns secondaires, qui l'empêchait d'obtenir ce qu'elle « vendait » comme étant son souhait.

Elle l'avait complètement « oublié » quand elle est revenue à la session suivante, pour repartir sur ses histoires… dont elle avait donné sa réponse et sa solution lors de la séance précédente.

J'ai donc arrêté mes questions, je l'ai fait travailler en TPA, pour avoir un lien avec le corps, puis je lui ai fait un jeu d'associations libres de plus en plus rapide. Au bout de quelques séries de mots, elle a répété exactement les mêmes mots que lors de la session passée. Au lieu de la laisser s'exprimer dessus, je lui ai proposé le silence, et comme suggestion, je lui répétais en boucle ses mots.

Son corps a commencé à se mouvoir avant d'exploser dans une grosse remontée émotionnelle qui a pris plusieurs minutes, *dans un silence ou seuls le subconscient et le corps s'exprimaient et où le conscient devenait l'observateur attentif.*

Nous prenons un moment dans notre hypnose invisible pour ne voir que le pattern dissonant et éviter de nourrir ses fuites (ou en tout cas les limiter).

Conclusion

Dans cet essai, je souhaite vraiment vous donner une autre approche de notre discipline. Au travers des échanges, que j'ai la chance d'avoir très régulièrement, je me suis vraiment rendu compte que **l'hypnose n'était utilisée que comme un simple outil.**

Dans mon pamphlet sur le crépuscule de l'hypnose, j'avais déjà souligné cette notion. Pour de nombreux praticiens, la recherche est avant tout celle *d'avoir de plus en plus de techniques, de méthodes qui pourraient donner des résultats probants à leurs partenaires.*

L'hypnose est incluse dans la démarche des thérapies brèves et axées solutions. Nous sortons de nos apprentissages avec cette envie de *mettre en place des formules prédéfinies qui pourront fonctionner sur tous.*

Ce week-end encore, en discutant avec une dentiste qui pratique l'hypnose dans son cabinet, elle me disait être déçue de ce qu'elle avait appris. Non pas que l'enseignement soit mauvais, seulement nous sommes dans la vente du produit magique, qui permettra un retour similaire sur l'ensemble des partenaires.

Evidemment, sur le terrain *nous nous retrouvons dans des situations où ce qui a été enseigné ne fonctionne pas*, **voire comme j'ai voulu le présenter ici, peut entraîner, sur un plan autre que symptomatique, des effets inverses.**

Si nous prenons davantage en compte **que l'hypnose est aujourd'hui une discipline complète, qui se catégorise dans les nouvelles psycho-pratiques.** Si nous prenons en compte que petit à petit, nous avons nos codes, nos principes, nos concepts et que ces derniers ne sont pas justes des outils que l'on imbrique, mais qu'il y a réellement **une compréhension des patterns**, nous allons pouvoir mettre en place des principes stratégiques.

Nous pourrons dépasser dès lors la recherche uniforme d'une pratique, et offrir dans les enseignements des clefs de compréhension, qui permettront aux apprenants et futurs praticiens, d'être prêts à tous les terrains. Pour cela nous allons devoir **entrer dans un modèle de réflexion qui va nous éloigner des générations passée**s et de ce fameux mirroring.

Nous apprenons des générations passées, mais *nous ne devons pas à rester dans une pensée passéiste.* En allant vers **un travail sur la posture, des questions, de la compréhension des transes ou, comme illustré dans ce livret, des patterns, nous ouvrons de nouveaux possibles**.

Nous allons certainement croiser ces concepts avec des disciplines qui existent déjà, comme la psychanalyse, la psychologie et différentes psychothérapies. Seulement, nous allons pouvoir aborder les problématiques des partenaires avec **la compréhension des transes.**

La spécialité des praticiens d'hypnose est de comprendre et exploiter les transes des partenaires pour différents objectifs thérapeutiques. En nous dirigeant vers une meilleure compréhension de l'hypnose invisible, nous allons nous ouvrir vers un nouveau monde à explorer, puis comprendre afin de permettre à nos patients d'évoluer vers ce qui leur correspondra le mieux.

Je vous ai proposé dans ces pages, les techniques avec lesquelles je travaille au quotidien. Comme pour l'hypnosophie, les processus de transes ou la posture / cadre, ces différents principes sont **des concepts que je remets quotidiennement en question sur le terrain**. J'ai encore de nombreux éléments à exploiter pour les rendre plus simples à utiliser.

Vous comprendrez les modèles de base et observerez que les pathos ne répondent qu'à **des patterns sur plusieurs dimensions**. Nous devons rester le plus attentifs possible à ces différentes facettes pour offrir un accompagnement juste pour nos partenaires.

Nous allons devoir *nous adapter au mieux à la demande de nos partenaires.* Si vous percevez des patterns secondaires, voire primitifs, mais que ces derniers sont uniquement là pour être traités par du symptomatique, vous n'aurez pas à lui mettre en relief. Il est important de **laisser le temps aux choses.**

L'erreur serait de vouloir trop précipiter le processus thérapeutique. Parfois par égo, parfois par méconnaissance.

Nous avons été formés pour que *tout aille vite* et que les résultats soient rapidement palpables. Pourtant ce temps que l'on cherche tant à vouloir accélérer **reste un élément important pour le mieux-être.** Proposer un cheminement sur plusieurs plans de l'esprit pourra ne pas convenir à tout le monde.

Par exemple, un partenaire qui vient pour du symptomatique et qui, suite à un résultat rapide comme la fin de sa phobie, décide de continuer pour aller gérer des problèmes qu'il estime plus profonds, *pourra ne jamais revenir dès la première session sur la recherche des patterns secondaires.*

Il se peut que, ce que bouge ces sessions, soit beaucoup plus intense que ce qui a offert un résultat positif pour un moindre investissement émotionnel. *L'efficacité rapide de certaines de nos sessions d'hypnose peut paradoxalement être le plus grand frein que nous allons avoir dans le développement de notre méthode comme discipline et non comme outil.*

Il y a un risque que, lorsque le partenaire vit une ou deux sessions décisives sur ses patterns tertiaires, il y voit une **solution facile** à mettre en place sur tout ce qui a pu le troubler.

Cette généralisation de l'hypnose et des résultats attendus, en général dans **une posture passive,** pourra s'opposer au travail plus en profondeur que nous mettrons en place dans notre hypnose invisible.

En tant que praticien, il y a de fortes chances, qu'à un moment ou un autre, vous ayez cette question afin de savoir si vous continuez à travailler sur du symptomatique ou vers d'autres aspects de la problématique. Les partenaires et les attentes changeront et ce sera à *vous de trouver le cadre le plus adapté à votre offre et à votre envie.*

Prenez plaisir à découvrir et appliquer cette hypnose invisible, continuez à douter et à réfléchir sur tous les concepts que vous étudiez, ne prenez que ce qui est bon et juste pour vous.

Be One

Pank

Le Chesnay, le 11/10/16

Qui est HnO Hypnose ?

HnO Hypnose est une association de pratiquants et de praticiens en Hypnose à tendance Elmanienne, Hypnosophie et Thérapies Durables.

Notre but est de rechercher, développer, pratiquer et diffuser sur ces sujets.
 Pour ce faire, nous utilisons plusieurs leviers : des formations, des cabinets ouverts, de l'Hypnose Urbaine, des livres, des audios, des live Facebook, des Podcasts...

Nous organisons des formations en Hypnose Classique Curative, Hypnosophie et Psycho-Pratique Intégrative ainsi que des ateliers en thérapie durable.
 L'Hypnosophie est une discipline de synthèse et intégrative. L'hypnose est un vaste monde avec des écoles, des styles et des tendances.

Plus qu'un style, nous souhaitons intégrer, sur les bases communes de l'hypnose, une ouverture globale.
Nous organisons des cabinets ouverts, dans le but de faire découvrir l'aspect curatif au plus grand nombre.
Toutes les semaines nous organisons des sorties Hypnose Urbaine ou des Hypno-papotages.

Nous y invitons des praticiens mais aussi des amateurs.
Le but étant de faire connaître, dans un autre contexte que le soin, ce qu'est l'Hypnose.

Cette expérience humaine est extraordinaire. Nous pouvons dissiper les à priori et faire vivre des expériences agréables aux passants.

Vous pouvez trouver plus d'informations sur ce que nous mettons en place sur : www.hno-hypnose.com

Nous avons mis en place un site de Mp3 d'Hypnose pour faire vivre des micros séances. Vous trouverez des informations sur : www.hno-mp3-hypnose.com

Si vous souhaitez nous rencontrer, échanger, partager, n'hésitez pas à nous contacter :

Mail : hype.ose@gmail.com

YouTube / Twitter / Facebook : Hype-N-Ose

Formations HnO Hypnose

Vous pouvez retrouver de nombreuses formations GRATUITES Online :

Apprendre l'Hypnose et les Concepts de Base :
https://apprendre-hypnose.org/

Apprendre la Programmation Neuro-Linguistique :
http://apprendre-la-pnl.fr/

Apprendre l'Auto Hypnose :
http://www.apprendre-auto-hypnose.fr/

Se Former en Hypnose Spirituelle :
https://formation-hypnose-spirituelle.co/

Apprendre le Magnétisme :
http://www.apprendre-le-magnetisme.fr/

Vous pouvez également retrouver quotidiennement des vidéos sur l'Hypnose/Hypnosophie, le coaching et les psycho-pratiques sur :
https://laboratoire-hypnose.com/

Et apprendre à gérer vos douleurs :
http://hypnose-douleur.jimdo.com/

Vous retrouverez également de nombreuses formations présentielles :

Formation en PsychoPratique Intégrative (PPI) et Hypnosophie :
https://goo.gl/kjwE64

Formation en Hypnose H-Ultra (Hypnose Profonde) :
https://goo.gl/MMUlWB

Formation en Hypnose Panko-Elmanienne :
https://goo.gl/crSyj7

Formation en Hyperempiria :
https://goo.gl/c3xful

Formation en Hypnose Urbaine :
https://goo.gl/SGyVVJ

Toutes les informations sont disponibles sur www.hno-hypnose.com